칭기즈 칸은 어마어마하게 넓은 제국을 만들었어.
몽골 초원을 넘어 중국은 물론이고 러시아와 유럽의 일부 지역,
이슬람이 다스리던 곳까지 몽골 제국의 땅이 되었지.
이 무렵 몽골에서는 어떤 일이 벌어졌던 걸까?

나의 첫 세계사 7

세계를 정복한
몽골 제국

박혜정 글 | 김호랑 그림

먼 옛날, 몽골에 **칭기즈 칸**이라는 사람이 살았어.
몽골 초원의 작은 부족에서 태어난 칭기즈 칸은
이쪽저쪽으로 땅을 넓히더니 세계에서 가장 큰 나라를 만들었지.
아시아 동쪽 끝에서 서쪽 끝까지, 거기에 더해
아시아와 맞닿은 유럽 땅까지 정복하면서 거대한 몽골 제국이 탄생했던 거야.

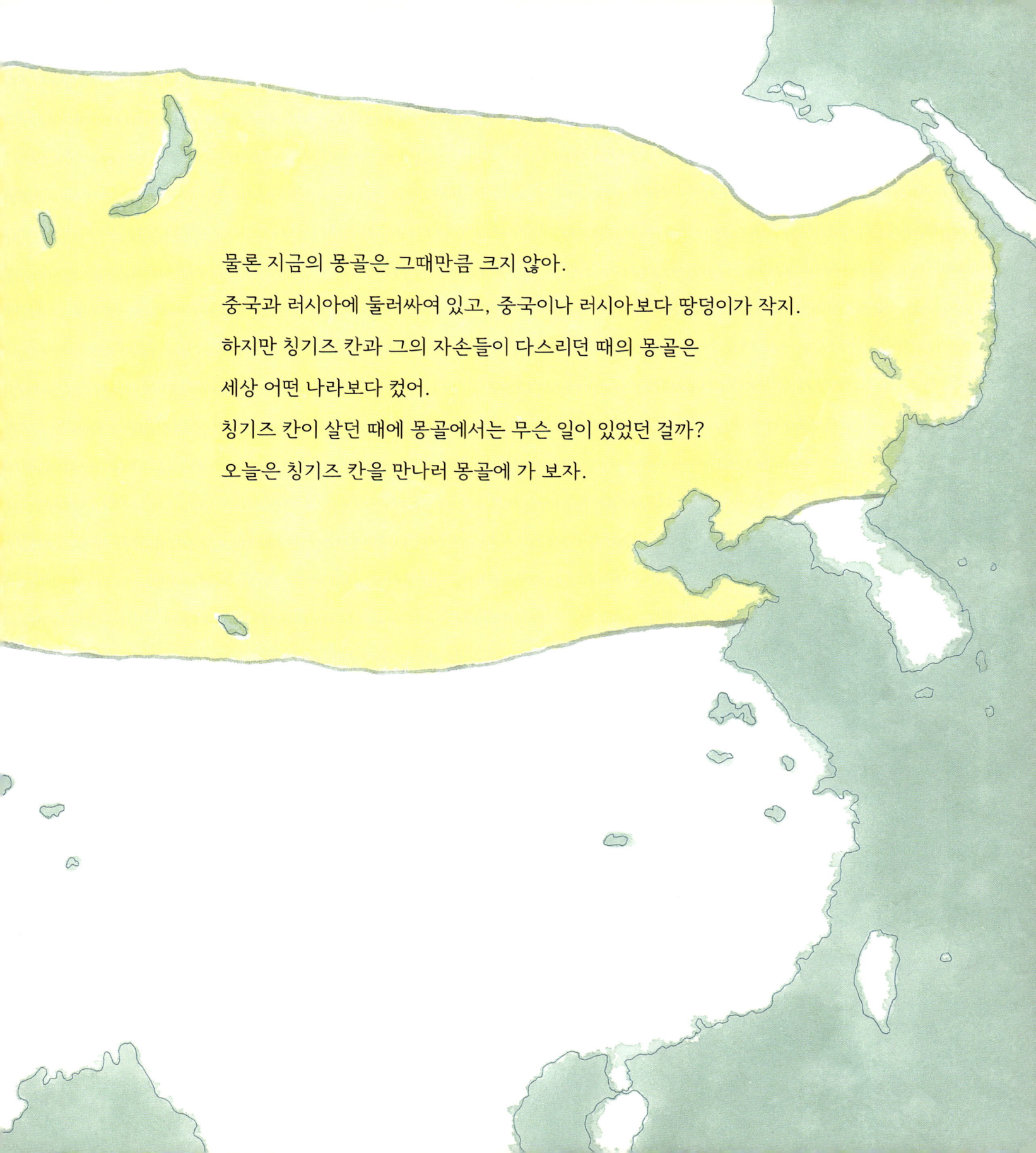

물론 지금의 몽골은 그때만큼 크지 않아.
중국과 러시아에 둘러싸여 있고, 중국이나 러시아보다 땅덩이가 작지.
하지만 칭기즈 칸과 그의 자손들이 다스리던 때의 몽골은
세상 어떤 나라보다 컸어.
칭기즈 칸이 살던 때에 몽골에서는 무슨 일이 있었던 걸까?
오늘은 칭기즈 칸을 만나러 몽골에 가 보자.

인천 공항에서 비행기를 타고 네 시간쯤 가면 몽골의 공항에 도착해.
그 공항의 이름은 '칭기즈 칸 공항'이야.
몽골 사람들이 사용하는 지폐에도 칭기즈 칸이 그려져 있지.
몽골에는 아파트 15층 높이의 거대한 칭기즈 칸 동상도 있어.
몽골 사람들은 칭기즈 칸을 정말 자랑스러워해.

칭기즈 칸이 살던 시대에 비행기가 있었을까?
물론 없었지. 그때 사람들은 말을 타고 다녔어.
다그닥 다그닥,
칭기즈 칸과 몽골 사람들이 말을 몰며 벌판을 달리던 모습을 상상해 봐.
지금으로부터 800년 전쯤, 그때는 지금과 다른 점이 꽤 많았어.
한반도에는 대한민국이 아니라 '고려'가 있었고,
중국에는 '금'과 '남송'이라는 나라가 있었어.
몽골은 하나의 나라가 아니라 여러 부족으로 나누어져 있었지.
그중 한 부족에서 칭기즈 칸이 태어났던 거야.

칭기즈 칸이라는 이름은 나중에 왕이 되고 나서 붙여진 이름이고,
원래 이름은 테무친이야.
테무친이 태어난 몽골은 초원이 넓게 펼쳐져 있어.
몽골의 초원은 여름이 짧고 겨울이 긴데다가,
비도 적게 내려서 농사짓기에 적당하지 않아.
이곳 사람들은 말이나 낙타, 소나 양 같은 동물들을 키우며 살았지.

테무친이 태어날 무렵, 몽골 초원의 부족들은 사이가 좋지 않았어.
다른 부족을 침략해서 물건을 빼앗고, 사람이나 가축을 잡아가기도 했어.
테무친의 아버지도 다른 부족과 다툼을 벌이다가 죽고 말았지.
열 살 남짓한 나이에 아버지를 잃은 테무친은
부족에게 버림받고 죽을 고비를 여러 번 넘기며 힘겹게 살아갔어.

테무친은 살아남으려면 강해져야 한다는 걸 일찍부터 깨달았어.
세상에는 혼자서 할 수 있는 것이 많지 않고,
힘을 모아 서로를 지켜 주는 일이 중요하다는 것도 배웠지.
테무친은 유능한 장수들을 모으고,
이들과 함께 몽골 초원의 부족들을 하나씩 정복해 나갔어.
끝까지 버티던 마지막 부족을 정복한 뒤에
테무친은 몽골 부족 전체의 왕인 '칸'이 되었음을 선포했지.

"몽골 초원의 모든 유목 민족●이 나의 지배 아래 합쳐졌다.
나는 '온 세상의 왕', 칭기즈 칸이다."

● **유목 민족** 가축이 먹을 만한 물과 풀밭을 찾아 떠돌아다니며 사는 민족.

칭기즈 칸에게는 누구보다 강한 군대가 있었어.
걸음마와 함께 말 타는 법을 배운 몽골의 병사들은
달리는 말 위에서 활 쏘는 일쯤은 쉽게 할 수 있었거든.
몽골을 통일할 무렵, 잘 훈련된 병사 10만 명이 칭기즈 칸을 따랐어.
병사들을 열 명씩, 다시 백 명씩, 또다시 천 명씩 묶어 나누고,
믿을 만한 장수들을 대장으로 정했지.
10만 명의 군대가 칭기즈 칸의 명령에 따라 한 몸처럼 움직였어.
몽골의 군대는 전쟁이 두렵지 않았어.

몽골을 통일하고 나자, 강력한 군대를 가진 칭기즈 칸은
이제 더 넓은 지역으로 눈을 돌렸어.
상인들이 지나다니는 비단길은 누가 차지하고 있었을까?
이슬람 세력이 만든 호라즘 왕국이
비단길의 서쪽에서 풍요롭게 살고 있었어.

다른 유목 민족들은 어떻게 살고 있었을까?
여진족이 **금**나라를 만들어서 중국 북쪽의 넓은 땅을 차지하고 있었어.

원래 중국에 있던 송나라는 어떻게 살고 있었을까?

송나라는 여진족이 세운 금나라에 밀려서 중국의 북쪽 땅을 잃었어.

중국의 남쪽으로 쫓겨 가서, 나라 이름도 **남송**이 되었지.

남송은 '남쪽에 있는 송나라'라는 뜻이야.

쫓겨 간 곳이었지만, 중국 남쪽은 날씨가 온화하고 농사가 잘되어 곡식이 풍부했어.

몽골 사람들이 더 넓은 땅에서 풍족하게 살아가기를 바랐던 칭기즈 칸은

전쟁을 벌여 주변 지역을 정복하기로 마음먹었지.

칭기즈 칸과 몽골의 병사들은 여진족의 금나라를 공격했어.
금나라는 몽골에 항복하고 비단과 보석, 식량과 말을 바치기로 했지.
그리고 칭기즈 칸은 비단길을 차지하고 있던 호라즘의 왕에게 편지를 보냈어.

"나는 해 뜨는 땅의 왕이고,
당신은 해 지는 땅의 왕이니, 사이좋게 지내 봅시다.
상인들과 사람들이 자유롭게 왕래하면 좋겠소."

호라즘의 왕은 칭기즈 칸이 건방지다고 생각했어.
몽골 군대를 얕보기도 했지.
편지를 들고 찾아온 몽골 사람들을 죽이고,
죽이지 않은 사람들은 수염을 깎아 우스꽝스러운 모습으로 만들어 버렸어.

그 소식을 들은 칭기즈 칸은 머리끝까지 화가 났어.
몽골의 병사들은 호라즘 왕국의 흔적을 하나도 남기지 않고
허물어 버렸어. 도망가는 왕을 끝까지 쫓아가기도 했지.
돌아오는 길에도 이곳저곳을 공격하며 진기한 물건들을 빼앗아 왔어.
그러자 무시무시한 몽골군에 대한 소문이 널리 퍼져 갔지.

무섭기로 소문난 군대를 이끌던 칭기즈 칸은
어느덧 예순 살이 넘은 노인이 되었어.
말에서 떨어지는 사고를 겪고 얼마 뒤에 죽고 말았지.
칭기즈 칸이 죽었으니, 몽골의 정복 전쟁은 끝이 났을까?
그렇지 않아. 칭기즈 칸의 아들과 손자, 그리고 부하 들은
계속 전쟁을 벌이면서 영토를 넓혀 나갔어.

칭기즈 칸에게는 네 명의 아들이 있었어.
주치, 차가타이, 오고타이, 툴루이가 그 넷이지.
칸의 자리를 물려받은 건 셋째 아들인 오고타이지만,
다른 아들들도 저마다 다스릴 지역을 물려받았어.
칭기즈 칸의 아들들이 다스리게 된 땅을 울루스˙라고 해.
거대한 몽골 제국 안에 여러 개의 울루스가 생겨났어.
오고타이 칸과 그의 형제들은 자신들의 울루스를 다스리는 한편,
칭기즈 칸을 이어 정복 활동을 계속해 나갔지.

● **울루스** 몽골어로 '많은 사람'이라는 뜻으로, 부족이나 국가를 가리키는 말로 쓰임.

다그닥 다그닥, 다그닥 다그닥.
몽골 제국의 초원을 가로질러 서쪽으로 달리면 러시아 땅에 닿아.
이때의 러시아는 지금처럼 하나의 커다란 나라가 아니었어.
몇 개의 크고 작은 나라들로 나뉘어 있었지.
블라디미르, 키예프 같은 러시아 지역의 나라들은
몽골군의 공격을 받고 차례차례 무너지고 말았어.
이때부터 240년 동안 몽골이 러시아 땅을 지배했지.

러시아와 유럽 지역을 정복하는 데 앞장섰던 사람은
칭기즈 칸의 큰아들 주치와 주치의 아들인 바투야.
주치와 바투가 정복하고 다스리던 지역을 '주치 울루스'라고 해.
바투와 몽골 병사들은 러시아와 맞닿아 있는
폴란드와 헝가리 같은 유럽 나라들도 공격하기로 했어.

몽골이 곧 침략해 온다는 소식을 듣자 유럽의 기사들은 바빠졌어.
머리끝부터 발끝까지 쇠로 된 갑옷을 입은 기사들이 함께 모여
기다란 칼을 들고 말을 탄 모습으로 몽골에 맞섰지.
한편, 몽골군은 유럽 기사들을 피해 도망치는 척하다가
기회를 틈타 유럽군을 곤경에 빠뜨리기로 작전을 세웠어.

"몽골군이 도망간다. 쫓아라!"

몽골군은 가벼운 가죽옷을 입고 재빠르게 도망갔어.
쫓아가는 유럽군은 무거운 갑옷을 입고 있어서 아무래도 느릴 수밖에 없었지.
잡을 만하면 멀어지고, 따라잡았는가 하면 또 앞서가던 몽골군이
넓은 평원에 도착하자 갑자기 멈춰 섰어.
그러고는 뒤를 돌아 유럽군을 공격하기 시작했지.
숨어 있던 몽골군까지 사방팔방에서 나타나 힘을 보태자,
유럽의 기사들은 더 이상 버틸 수가 없었어.
폴란드, 헝가리의 도시들이 몽골군의 손아귀로 넘어가고,
몽골군에 대한 유럽 사람들의 공포심은 말할 수 없이 커져 버렸지.

이제 서아시아로 가 볼까?
서아시아에는 이슬람교를 믿고 있는 여러 나라가 있었어.
이곳을 정복한 사람은 훌라구야.
훌라구는 칭기즈 칸의 막내아들인 툴루이의 아들이지.
훌라구가 몽골군의 총사령관이 되어 이슬람의 긴 역사를 품고 있는
아바스 왕조를 정벌하러 떠났을 때야.

훌라구가 말했어.
"항복하라. 항복하면 목숨은 살려 주겠다."

아바스의 왕이 대답했어.
"싫다. 다른 이슬람 나라들이 우리를 돕기 위해 이곳으로 올 것이다."

훌라구는 아바스 왕조의 수도인 바그다드의 성을 포위했어.

성을 무너뜨리기 위한 투석기를 설치하고 돌덩이와 화약을 퍼부었지.

아바스 왕의 바람과는 달리 그들을 구하러 온 사람들은 없었어.

바그다드의 성은 동쪽에서부터 무너지기 시작해서 얼마 안 가 몽골군에게 넘어갔지.

훌라구와 몽골 병사들은 아바스 왕조뿐 아니라,

서아시아에 있던 대부분의 이슬람 왕국을 정복했어.

훌라구가 정복하고 다스리던 지역을 '훌라구 울루스'라고 해.

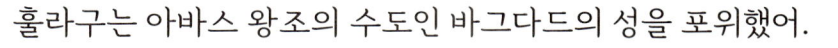

이제 중국으로 가 볼까?

몽골은 중국의 북쪽 땅을 차지하고 있던 금나라를 정복했지만,

중국의 남쪽 땅에는 여전히 남송이 있었어.

새롭게 칸이 된 **쿠빌라이**는 남송을 정복하러 갔지.

쿠빌라이는 칭기즈 칸의 막내아들인 툴루이의 아들이야.

아바스 왕조를 멸망시킨 훌라구의 형이기도 해.

남송에는 길고 넓은 창장강이 있어.

강 주변은 질퍽질퍽한 늪지대라서 말을 탄 몽골 군대가 지나가기 쉽지 않았지.

게다가 남송에는 오래되고 견고한 성들도 많았어.

몽골의 공격을 받은 남송 사람들은 성을 지키며 꿈쩍도 하지 않았대.

그렇게 5년이라는 긴 시간이 흘러갔어.

"남송의 단단한 성을 무너뜨리려면 어떻게 해야 할까?"
"더 거대한 돌을, 더 세게 던져서 성을 무너뜨려야지."
"그러려면 성능이 더 좋은 투석기를 구해야 해."
"이슬람의 기술자들이 만들 수 있다던데!"

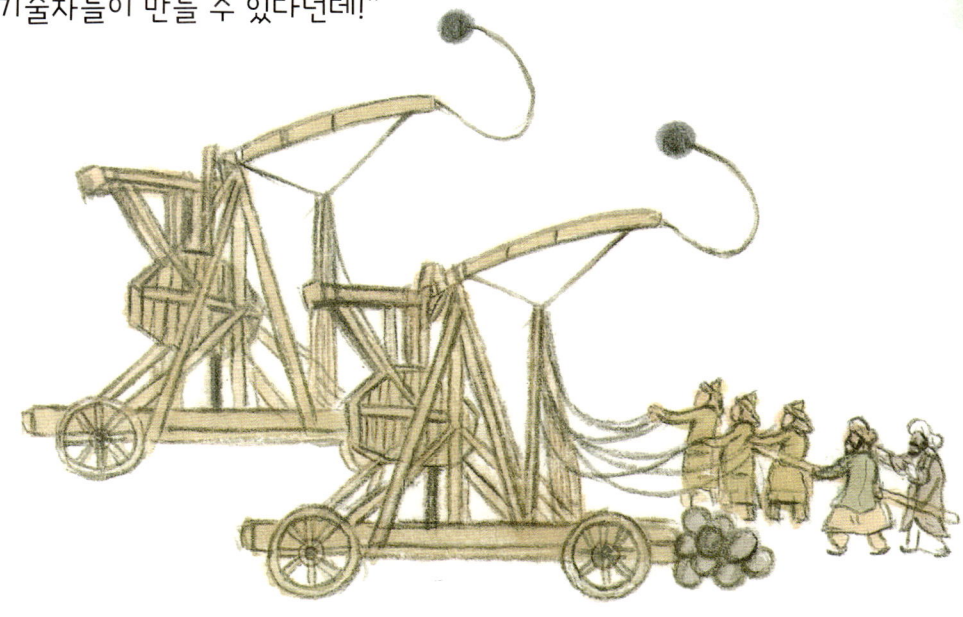

쿠빌라이 칸은 이슬람의 기술자를 데려와서 새로운 투석기를 만들게 했어.
쿵쿵! 쾅쾅! 새롭게 만든 투석기로 더 큰 돌들을 퍼붓자,
남송의 성들이 하나둘 무너지기 시작했어.
결국 쿠빌라이 칸은 남송의 항복을 받아 냈고,
마침내 중국의 모든 땅을 지배하게 되었어.
쿠빌라이 칸이 다스리던 지역은 '카안 울루스'라고 불렀어.
그리고 중국식 이름도 정했지. 그게 바로 **원**나라야.

한반도의 고려와 섬나라 일본은 어떻게 됐을까?
30년도 넘게 몽골의 침입을 막아 내고 있던 고려도
쿠빌라이 칸에게 항복하고 원나라의 이런저런 간섭을 받게 되었어.
고려 왕의 아들은 쿠빌라이 칸의 딸과 결혼을 해야 했지.
원나라에 금과 은, 인삼이나 비단 같은 것들을 세금처럼 내고,
사냥용 매와 말을 키워서 바쳐야 했어.
제주도에서 말을 많이 키우게 된 것도 이때부터야.

몽골은 일본도 정복하려고 했어.
고려 사람들을 시켜 커다란 배를 만들게 하고 전쟁에도 끌고 갔지.
하지만 일본을 공격할 때마다 번번이 태풍이 불어닥쳤어.
배가 부서지자 그 안에 타고 있던 몽골 병사들과 고려 병사들이 죽고 말았어.
몽골은 결국 일본을 차지하지 못했지만,
몽골 제국의 영토가 어마어마하게 넓다는 사실은 변하지 않았어.

그렇게 아시아와 유럽에 이르는 거대한 몽골 제국이 탄생했어.
칭기즈 칸의 후손들이 몇 개의 울루스로 나누어 다스렸지만,
모두 몽골 제국 안에 들어 있었던 거야.

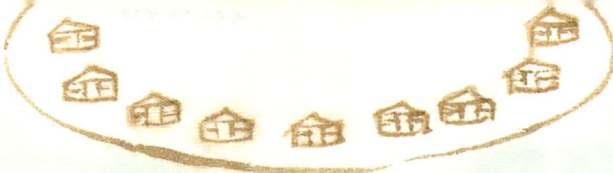

넓은 영토를 다스리기 위해
몽골 제국은 도시와 도시 사이에 길을 잇고,
그 사이사이에 역참을 지었어.
역참에는 갈아탈 수 있는 말과 쉴 수 있는 숙소가 있었지.
관리나 사신●, 여행객과 상인은 역참을 이용하며 안전하게 다닐 수 있었어.

● **사신** 임금이나 국가의 명령을 받고 나라를 대표하여 외국에 가는 신하.

제국의 이쪽 끝에서 저쪽 끝까지,
칸의 급한 명령을 전하는 것도 오래 걸리지 않았어.
명령을 전하는 사람이 말을 타고 가다가 말이 지치면
역참에 들러서 새로운 말로 바꿔 탈 수 있었거든.
거대한 제국에서 빠르게 소식을 전하기에 역참만큼 좋은 건 없었지.

쿠빌라이 칸은 중국을 정복하면서 수도를 '대도'로 옮겼어.
대도는 지금의 베이징이고, 베이징은 현재 중국의 수도이기도 해.
대도에서는 역참뿐 아니라 물길도 뻗어 나갔어.
대도에서 배를 타면 출렁이는 물길을 따라 중국 대륙을 가로지를 수 있었지.
출렁출렁 황허강을 지나고, 또다시 출렁출렁 창장강에 닿았어.
좀 더 나가면 동남아시아를 거쳐 인도까지 갈 수 있었고,
저 멀리 아라비아반도까지 드나들 수 있었지.

대도와 중국의 항구들은 세계 곳곳에서 온 상인들로 언제나 북적였어.
외국에서 온 진기한 물건들과 중국 남쪽의 곡식들이
물길을 따라 대도로 쉽게 옮겨질 수 있었거든.
대도에서 뻗어 나간 다양한 길들을 통해
세상 사람들과 여러 물건이 이곳저곳을 넘나들었던 거야.

몽골 제국의 길을 따라,
멀고 먼 이탈리아에서 쿠빌라이 칸을 만나러 온 사람이 있었어.
그 사람의 이름은 **마르코 폴로**야!
마르코 폴로는 17년 동안 원나라에 머물면서 칸을 돕거나 여행을 했어.
이탈리아로 돌아간 뒤에 자신이 경험한 것과 보고 들은 것을
사람들에게 신나게 들려주었지. 그 이야기가 담긴 책이
바로 《동방견문록》이야.

허풍이 조금 섞이긴 했지만 《동방견문록》은 유럽 사람들에게 인기가 많았어.
이 책 덕분에 유럽에서는 중국과 인도뿐 아니라,
알려지지 않은 새로운 곳을 찾아 탐험을 떠나는 사람들이 많이 생겼지.
그런 사람 중에 **콜럼버스**도 있었어.
콜럼버스는 마르코 폴로보다 200년쯤 뒤에 태어난 사람이지만,
《동방견문록》을 재미있게 읽고 또 읽으며 호기심을 키워 나갔대.
마침내 대서양을 건너 아메리카 대륙에 첫발을 디딘 유럽 사람이 되었지.

마르코 폴로 말고도 수많은 외국인이 몽골 제국에 찾아왔어.
서유럽의 교회에서 보낸 편지를 들고 온 사람도 있었지.
그 편지에는 '하나님과 예수님을 믿으라'는 이야기가 쓰여 있었대.
물론 칸은 단번에 거절했지만 말이야.

아프리카에서 출발해 원나라의 대도까지 여행했던 **이븐 바투타**도 있어.
이븐 바투타는 아프리카, 유럽, 서아시아, 인도, 동남아시아를 거쳐
원나라까지 찾아왔어. 걷거나 낙타를 타고, 때로는 말을 탔지.
자신이 직접 눈으로 보고 경험한 이야기만 담은 여행기도 남겼어.

이슬람 사람들은 귀한 대접을 받으며 원나라를 위해 일하기도 했어.
남송을 무너뜨릴 때 사용했던 성능 좋은 투석기를 기억하지?
투석기를 만들었던 이슬람 사람들은 수학과 과학을 잘하고 재주가 많았거든.
이들은 '색목인'이라 불리며 원나라에서 좋은 관직을 받고 능력을 펼쳐 보였지.

몽골 제국의 길을 지나다녔던 다양한 사람들만큼,
여러 물건이나 기술도 이 길을 통해 곳곳에 전해졌어.

방향을 알려 주는 나침반!
"나침반 덕분에 배를 타고 다니는 사람들이 길을 잃지 않아.
날이 흐려서 해나 달이 보이지 않아도, 별자리를 찾을 수 없어도,
나침반이 있으면 방향을 잃지 않고 바다를 건널 수 있지."

전쟁에서 무기로 사용되는 화약!
"갑옷을 입고 칼을 들고 싸우는 시대는 끝났어.
성능 좋은 화약을 무기로 사용하면서
전쟁에서 더 많은 사람이 죽고 다치게 되었지."

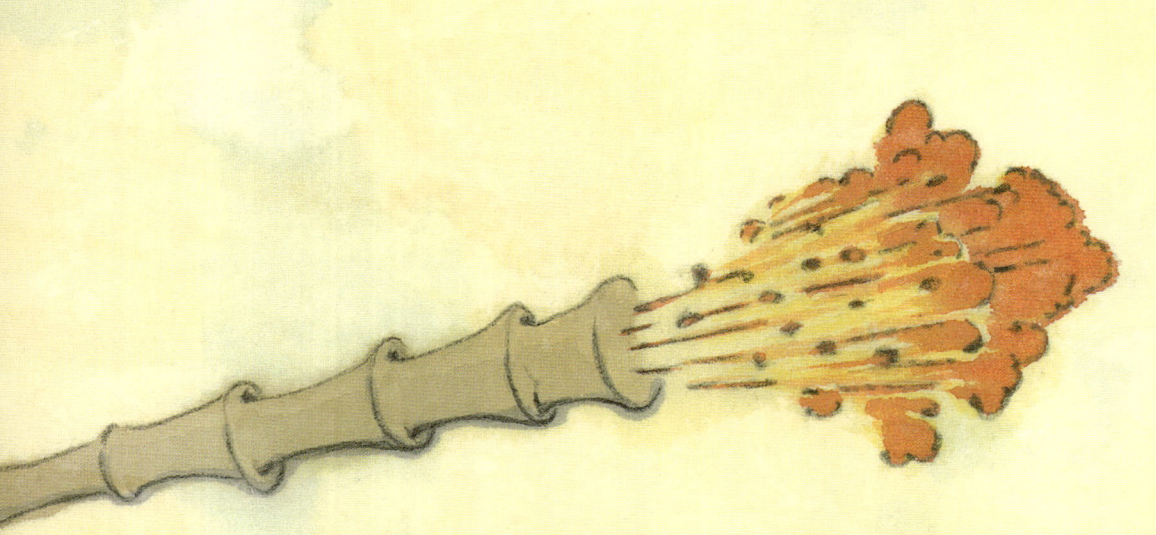

책을 쉽게 찍어 낼 수 있는 활판 인쇄술!
"책을 하나하나 사람의 손으로 베껴 쓰지 않아도 돼.
활자판을 만들어서 찍어 내면 훨씬 더 편리하게 책을 만들 수 있거든.
책을 읽고 똑똑해지는 사람들도 점점 많아져."

중국의 유명한 발명품인 나침반, 화약, 활판 인쇄술이 유럽으로 전해지며
유럽은 앞으로 특별한 변화를 겪게 될 거야.

세상의 중심처럼 보였던 몽골 제국도 영원하지 않았어.
원나라에서는 쿠빌라이 칸이 죽고 난 뒤부터
'누가 칸의 자리를 물려받을 것인가' 하는 문제를 두고 다툼이 끊이지 않았지.
전염병까지 유행하자 백성들의 삶이 무척 힘들어졌어.
나라를 다스리는 데 필요한 돈도 부족해지고,
몽골 사람들에게 차별받던 중국 사람들이 반란을 일으키기도 했어.
몽골 사람들은 결국 중국 땅에서 쫓겨나, 다시 몽골 초원으로 돌아가게 되었어.
여러 지역의 울루스도 점차 힘을 잃어 갔지.

칭기즈 칸의 몽골 제국은 멸망했지만,
세계 곳곳에 몽골 제국의 흔적이 남았어.
유럽과 아시아 대륙에 걸쳐 있던 초원과 사막의 길들이 연결되자,
사람들은 자기가 살던 곳 너머에 더 큰 세상이 있다는 걸 알 수 있었지.
새로운 세계에 눈을 뜨고 교류하는 일이 더 잦아졌던 거야.
몽골의 부족을 통일하고 정복 전쟁의 첫발을 내디뎠던 칭기즈 칸은
자기가 만든 제국에서 일어날 일들을 짐작했을까?
다그닥 다그닥, 몽골 초원을 달리던 칭기즈 칸의 발걸음이
세계의 큰 변화를 여는 시작점이 되었어.

나의 첫 역사 여행

초원과 사막의 나라, 몽골

고비 사막

몽골은 바다에 닿는 곳 없이 땅으로만 둘러싸인 나라야.
몽골의 동쪽에는 넓고 넓은 초원이 있고, 서쪽에는 알타이산맥이 있어.
남쪽에는 고비 사막이, 북쪽에는 빽빽한 나무들로 가득 찬 숲이 있지.
몽골과 중국 사이에 있는 고비 사막은
아시아에서 가장 넓은 사막이야.
끝도 없이 넓은 사막에서 몽골 사람들은
낙타와 양을 키우며 살아갔어.
특히 이곳은 등에 혹이 두 개 있는
쌍봉낙타가 사는 곳으로도 유명해.
그래서 쌍봉낙타를 몽골 낙타라고도 부르지.
낙타의 혹에는 물과 양분이 있어서 메마른 사막에서도
잘 견딜 수 있어. 낙타는 사막에 사는 사람들에게
중요한 교통수단이란다. 그래서 별명이 '사막의 배'라고 해.

고비 사막에 살고 있는 쌍봉낙타

게르

몽골 사람들의 이동식 천막집, 게르

몽골은 넓고 넓은 초원으로 유명한 나라야.
초원에서는 말이나 양 같은 동물들을 풀어놓고 키울 수 있어.
몽골 사람들은 '게르'라는 전통 집을 짓고 살았어.
게르는 초원을 떠돌며 사는 사람들이
쉽게 짓고 쉽게 허물 수 있도록 만든 이동식 집이야.
게르는 나무로 뼈대를 만들고, 그 위에 짐승의 털로 만든
천을 덮어서 완성하지. 몽골 여행을 한다면 게르에서 한번 머물러 봐.

울란바토르

몽골에 사막과 산맥, 초원과 호수만 있는 건 아니야.
사람들이 많이 모여 사는 도시도 당연히 있지.
몽골의 수도는 울란바토르야.
몽골의 인구가 330만 명 정도인데,
그중에 절반 정도의 사람들이 수도인 울란바토르에 모여 산대.
울란바토르 한복판에는 수흐바타르 광장이 있고,
광장 북쪽에 위치한 국회 의사당 정문에서
거대한 칭기즈 칸의 동상도 볼 수 있지.

울란바토르에 있는 몽골 국회 의사당

나의 첫 역사 클릭!

몽골 제국을 다녀간 사람들

몽골 제국의 거대한 영토는 초원길, 비단길, 바닷길로 이어져 있었어.
이 길을 따라서 몽골 제국을 여행한 사람들의 이야기가 많이 남아 있지.
이탈리아의 탐험가 마르코 폴로가 남긴 《동방견문록》에는 원나라의 화려한 문명과
활기찬 도시의 모습뿐 아니라, 아시아의 다른 나라 이야기들도 포함되어 있었어.
값비싼 향신료가 많이 나는 자와섬(인도네시아)이나
황금이 많이 나는 지팡구(일본)에 대한 이야기를 접한
유럽 사람들은 아시아에 더욱더 호기심을 갖게 되었지.

몽골 제국 초기의 수도였던 카라코롬

이븐 바투타는 아프리카에 있는 모로코 지역에서 태어났어.
이슬람교를 믿는 이븐 바투타는 이슬람교에서 중요하게 생각하는 메카는 물론이고,
크리스트교를 믿는 비잔티움 제국을 방문하고, 인도와 중국까지 여행했던 사람이야.
모로코를 다스리는 왕은 이븐 바투타의 이야기를 책으로 쓰게 했지.
이렇게 쓰인 이븐 바투타의 《여행기》에는 당시 여러 나라의 풍습이나 정치,
교통수단이나 농작물 등 다양한 생활 모습이 잘 담겨 있어서
지금까지도 역사가들에게 아주 중요한 자료가 되어 주고 있단다.

마르코 폴로의 《동방견문록》　　　이븐 바투타의 《여행기》 복제품

몽골 군대의 공격을 받고 큰 위기를 겪자, 유럽 사람들은 몽골에 대한 호기심이 생겼어.
몽골이 또다시 쳐들어오면 어쩌나 하는 걱정도 있었지.
몽골 제국이 과연 어떤 나라인지 그 정체가 궁금했던 로마 교황은
카르피니와 루브룩이라는 사람을 사절단으로 보내게 돼.
카르피니와 루브룩은 당시 몽골 제국의 수도였던 카라코룸을 방문하고 돌아온 뒤에
자신들이 보고 들은 것들을 기록으로 남겼어. 이 기록 덕분에
훗날의 사람들이 당시 몽골 제국에 대해 더 자세히 알 수 있게 되었지.

글 박혜정

성균관대학교 역사교육과에서 공부했습니다. 중학교에서 역사를 가르치며 학생들과 세계사의 재미를 나누고 있습니다. 두 아이의 엄마로, 아이를 무릎에 앉혀 놓고 그림책을 읽어 주던 때가 인생에서 빛나던 시절 중 하나라 여기고 있습니다.

그림 김호랑

창 너머 사람들을 구경하거나 추운 겨울에 따뜻한 이불 속에서 뒹굴뒹굴하는 것을 좋아합니다. 비가 오는 날 우산 위로 떨어지는 빗소리를 들으며 걷는 것도 좋아합니다. 아이들이 꽃과 나비와 함께 늘 행복했으면 좋겠습니다. 그린 책으로 《나라의 문을 연 조선》, 《할머니가 아프던 날》, 《호랑이가 준 보자기》, 《손 없는 색시》, 《책 읽어 주는 아이 책비》, 《뒤로 가는 기차》 등이 있습니다.

나의 첫 세계사 7 — 세계를 정복한 몽골 제국

1판 1쇄 발행일 2023년 2월 27일
글 박혜정 | 그림 김호랑 | 발행인 김학원 | 편집 박현혜 | 디자인 박인규
저자·독자 서비스 humanist@humanistbooks.com | 용지 화인페이퍼 | 인쇄 삼조인쇄 | 제본 영신사
발행처 휴먼어린이 | 출판등록 제313-2006-000161호(2006년 7월 31일) | 주소 (03991) 서울시 마포구 동교로23길 76(연남동)
전화 02-335-4422 | 팩스 02-334-3427 | 홈페이지 www.humanistbooks.com
사진 출처 이븐 바투타의 여행기 ⓒOsama Shukir Muhammed Amin FRCP(Glasg) / Wikimedia Commons / CC BY-SA 4.0

글 ⓒ 박혜정, 2023   그림 ⓒ 김호랑, 2023
ISBN 978-89-6591-492-1 74900
ISBN 978-89-6591-460-0 74900(세트)

- 이 책은 저작권법에 따라 보호받는 저작물이므로 무단 전재와 무단 복제를 금합니다.
- 이 책의 전부 또는 일부를 이용하려면 반드시 저작권자와 휴먼어린이 출판사의 동의를 받아야 합니다.
- **사용연령 6세 이상** 종이에 베이거나 긁히지 않도록 조심하세요. 책 모서리가 날카로우니 던지거나 떨어뜨리지 마세요.